직업으로 수학을 배우는 수학동화

직업으로 수학을 배우는 수학동화

1판 1쇄 인쇄 | 2020. 1. 15.
1판 1쇄 발행 | 2020. 1. 20.

이혜옥 글 | 박현정 그림

발행처 도서출판 거인
발행인 박형준
책임편집 안성철
디자인 박윤선
마케팅 이희경 김경진

등록번호 제2002-000121호
주소 서울시 마포구 와우산로48 로하스타워 803호
전화 02-715-6857
팩스 02-715-6858

값은 표지에 있습니다.
ISBN 978-89-6379-187-6 73410

수학이 재밌어지는 이야기 수학 3

직업으로 수학을 배우는 수학동화

글 이혜옥
그림 박현정

거인

차례

숫자 박사

제빵왕 소보로(네 자리 수의 덧셈) … 8
스튜어디스 날개 양(네 자리 수의 뺄셈) … 12
동물 사육사 주주아저씨(두 자리 수의 곱셈) … 18
119 소방관의 하루(나눗셈) … 24
교과서 엿보기 … 30

도형과 측정

김연아처럼 될 테야!(평면도형) … 34
앙드레도형의 패션쇼(평면도형의 이동) … 40
이야기 할아버지(원) … 46
토끼 마을의 플로리스트(들이와 무게) … 52
별을 파는 외계인(들이와 무게) … 56
교과서 엿보기 … 62

여러 가지 수

코끼리 택시비가 99990원(10000까지의 수) … 66

숲 속의 건축가 할아버지(분수) … 72

쉿, 비밀이야!(소수) … 78

우주의 집배원 솔래 아저씨(큰 수) … 84

기수 모모와 꼴지 말(분수와 소수의 관계) … 88

교과서 엿보기 … 94

문제 해결

산타 옷 공장장(자료 정리 : 통계) … 98

꿈의 지도(경우의 수) … 104

규칙이네 애완견센터(규칙 찾아 문제 해결하기) … 110

숲 속의 작은 도서관(표 만들어 문제 해결하기) … 116

도자기 상자를 열어라!(예상으로 문제 해결하기) … 120

교과서 엿보기 … 124

정답 … 128

제빵왕 소보로 (네 자리 수의 덧셈)

 스튜어디스 날개 양 (네 자리 수의 뺄셈)

동물 사육사 주주아저씨 (두 자리 수의 곱셈)

 119 소방관의 하루 (나눗셈)

교고사서 엿보기

숫자 박자

아직도 1000이 넘는 숫자들은
복잡해서 읽기도 어려운데,
더하고, 빼고, 곱하고, 나누기까지!
도대체 이렇게 어려운 연산을 왜 배워야 하는 거냐고?
꿈! 꿈을 이루기 위해서지!
미래에 멋진 나를 만들어 줄 4가지 연산 습관!
한번 따라 해 볼래?

제빵왕 소보로 (네 자리 수의 덧셈)

소보로는 빵이 세상에서 가장 좋아요. 크림빵, 단팥빵, 모카빵, 소보로빵……. 빵이라면 자다가도 눈을 번쩍!

하루 종일 빵만 먹어도 질리지가 않아요. 그래서 소보로는 빵을 만드는 제빵사가 되기로 했어요.

결국 소보로는 제빵 기능사 자격증을 따서 제빵사가 되었어요. 그리고 큰 대회에 나가 1등을 해서 제빵왕이 된 거예요.

소보로는 시내에 큰 빵집을 차렸어요.

제빵왕이 하는 빵집이라는 소문이 퍼지자, 빵을 사러 온 사람들로 빵집은 늘 북적였지요.

"모두 얼마예요? 계산해 주세요!"

빵 만드는 일에만 몰두했던 소보로에게 계산은 쉽지 않았어요.

하지만, 걱정 없었지요.

"2340원+3540원=5880원! 5880원입니다, 손님!"

손가락으로 톡톡톡 숫자를 누르면, 금세 짠! 계산을 해주는 최신 계산기가 있었거든요.

하지만, 계산이 필요한 건 그때뿐이 아니었어요. 밀가루며, 설탕이며, 빵을 만드는 재료를 살 때면 상인들은 소보로에게 계산서를 내밀었어요.

"3456원+4953원+12435원이면…… 휴!"

소보로는 빵집 안에 있는 커다란 계산기로 계산을 했지요.

그러던 어느 날이었어요.

"앗! 계산기가 고장 났어!"

손님들은 줄줄이 서서 계산을 해 달라고 하고, 재료를 가져 온 장사들은 팔랑팔랑 계산서를 내밀었어요.

소보로는 계산기를 꾹꾹 누르고 쿵쿵 쳐 보았어요. 그러자 계산기의 숫자들이 껌뻑껌뻑 하다가 푸쉬쉬!

그때, 꼬마 아이가 연필과 종이를 내밀며 말했어요.

"제빵왕 소보로님! 이걸로 계산하세요!"

"이렇게 큰 수를 더해 본 적이 없어."

그러자 꼬마 아이는 소보로에게 계산하는 방법을 알려 주었고, 꼬마 아이가 시키는 대로 소보로는 천천히 계산했어요.

"일의 자리에 맞춰서 더해야 할 숫자들을 세로로 써요. 그리고 일의 자리부터 더해 주세요. 더한 숫자가 10이 넘으면, 일의 자리만 써 주고, 10의 자리는 받아올림하고요."

"와, 풀었어!"

소보로는 꼬마 아이에게 고맙다고 인사를 했어요.

스튜어디스 날개 양 (네 자리 수의 뺄셈)

"야호! 내가 스튜어디스가 됐어. 항공사 승무원이 됐다고!"

날개 양은 어릴 때부터 하늘을 날아 세계 여러 나라를 가 볼 수 있는 스튜어디스가 되는 게 꿈이었어요. 그래서 외국어도 열심히 공부하고, 세계 여러 나라의 문화와 예절도 배웠지요.

날개 양은 항공사 입사 시험에서 외국어 시험, 체력장, 위기 대처 능력 시험 등을 치렀어요. 단정한 모습에 올바른 예절을 갖춘 날개 양은 시험에 합격했어요.

부우우우웅! 드디어 비행기가 출발했어요.

날개 양은 승객들에게 음식을 나눠 주기 위해 준비했지요. 그때, 다른 스튜어디스가 물었어요.

"날개 양! 쇠고기 도시락이 2345개, 닭고기 도시락이 1122개! 쇠고기 도시락이 몇 개 더 많은지 세어 보고 확인해 주세요."

순간, 날개 양은 눈이 휘둥그레졌어요. 날개 양은 수학이라면 1, 2, 3도 싫었거든요.

날개 양은 우선 종이를 꺼내 자릿수에 맞춰 수를 썼어요. 그리고 더해 보았지요.

"일은 일끼리, 십은 십끼리, 백은 백끼리, 천은 천끼리!"

다행히 받아올림을 해야 할 필요는 없었어요.

"3467! 야호, 풀었다! 그런데, 너무 큰데. 숫자가 너무 커!"

날개 양은 이번에는 빼기를 해 보았어요.

"쇠고기 도시락의 수에서 닭고기 도시락의 수를 빼면, 1223!"

날개 양은 큰 소리로 대답했어요.

"쇠고기 도시락이 1223개 더 많아요!"

날개 양은 어깨를 으쓱으쓱 신바람이 나서 손님들에게 도시락을 나누어 주었어요.

얼마 후, 한 외국인 아이가 날개 양을 톡톡 쳤어요.

날개 양은 영어로 유창하게 물었어요.
"May I help you?(무엇을 도와 드릴까요?)"
그러자 외국인 아이가 한국말로 또박또박 대답했어요.
"저 한국어 잘해요. 질문이 있어요, 시드니까지 얼마나 남았어요?"
날개 양은 순간 쥐구멍에라도 숨고 싶었어요.
'서울에서 시드니까지의 거리가 8324km(킬로미터)고, 지금 2249km(킬로미터)왔으니까, 더해야 해, 빼야 해?'
날개 양은 친절한 모습을 보이기 위해 웃고 있었지만, 그렁그렁 눈물이 고였어요.

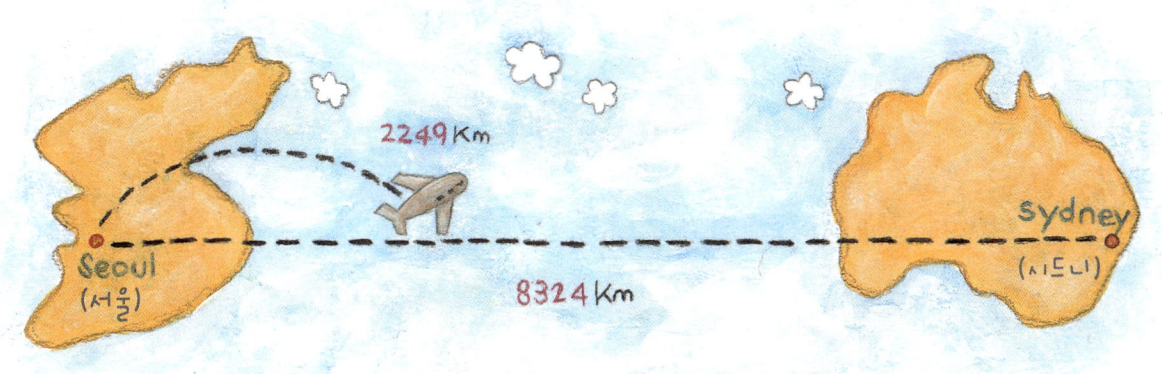

"저, 잠깐 화장실 좀 다녀올게요."

날개 양은 화장실 문을 꾹 닫고 들어갔어요. 그리고 거울에 물을 묻혀 숫자를 쓰기 시작했지요.

"이번에도 자릿수를 맞추고! 그래, 전체 거리에서 온 거리만큼을 빼야, 남은 거리가 나오는 거야!"

날개 양은 8324에서 2249를 빼기 시작했어요. 그런데, 일의 자리부터 받아내림을 해야 했지요. 날개 양은 마음을 차분하게 가라앉히며 천천히 계산을 했어요.

"십의 자리에서 받아내림하면 14-9=5, 5를 일의 자리에 쓰고, 십의 자리는 하나를 뺀 1……!"

결국 날개 양은 6075라는 답을 구했지요.

"손님! 서울에서 시드니까지의 총 거리는 6075km(킬로미터) 남았습니다, 손님!"

그러자 외국인 아이가 고개를 갸우뚱하며 말했어요.

"아니요, 몇 시간이나 남았냐고요."

날개 양은 다리에 힘이 쭉 풀렸어요.

'헉, 시간을 물어본 거야? 그럼, 다시 계산해야 하잖아.'

날개 양은 웃음을 잃지 않고 외국인 아이에게 말했어요.

"손님, 저 잠깐 화장실 좀 다녀올게요."

날개 양은 다시 부리나케 화장실로 달려갔답니다.

동물 사육사 주주아저씨 (두 자리 수의 곱셈)

동물원에 아침이 밝았어요. 동물 사육사 주주아저씨가 동물들을 둘러보며 아침 인사를 하면, 동물들은 주주아저씨에게 대답이라도 하는 듯 "끽끽, 음매, 어흥"하며 울었어요.

"울음소리가 힘차구나. 어디 똥도 좀 볼까?"

주주아저씨는 동물들이 밤 사이 눈 똥을 킁킁 냄새 맡고, 꼬챙이로 쿡쿡 찔러보며 자세히 살펴보았어요.

"이런, 코끼리의 똥에서 냄새가 심하게 나는군."

주주아저씨는 수의사에게 바로 전화를 걸어 코끼리를 살펴봐 달라고 부탁했지요.

"자, 이제 동물들의 아침 식사를 준비해야지."

주주아저씨는 먼저 돌고래들에게 줄 물고기를 헤아렸어요.

"물고기를 8마리씩 돌고래 5마리에게 줘야 해. 그러려면 물고기를 모두 몇 마리 준비해야 할까? 8씩 5묶음이니까, 8×5=40! 40마리로군."

주주아저씨는 양동이에 물고기 40마리를 넣었어요. 그리고 돌고래가 있는 수족관으로 가서 물고기를 나누어 주었지요.

주주아저씨는 원숭이들의 아침 식사도 준비했어요.
"썩은 바나나는 골라내고, 자, 이제 헤아려 볼까? 원숭이 24마리에게 바나나를 3개씩 주려면 바나나 몇 개가 필요할까?"
주주아저씨는 가만가만 생각하다가 눈이 휘둥그레졌어요.
"24×3, 이런 곱셈 구구표에 없는 곱하기로군. 원숭이를 10과 1의 수 모형으로 바꾸어 그려 보면 이렇게 되지. 일의 자리에 3을 곱하고, 십의 자리에 3을 곱해서 더하면 되겠구나. 낱개는 4개씩이니까 3을 곱하면, 12! 10의 자리는 20이니까, 3을 곱하면 60! 둘을 더하면, 12+60=72! 모두 72개가 필요하군!"

주주아저씨는 이번에는 호랑이 우리로 갔어요. 호랑이 4마리에게 생고기를 650g(그램)씩 주어야 했어요.

"어이쿠, 650×4도 곱셈 구구표에 없군. 하지만, 곱셈 구구표와 더하기를 이용하면 아무리 큰 수도 곱할 수 있지."

주주아저씨는 종이에 연필로 곱셈식을 썼어요.

"일의 자리에 4를 곱하고, 십의 자리에 4를 곱하고, 백의 자리에 4를 곱해서 모두 더하면! 옳지, 2600g(그램)이 필요하군!"

주주아저씨는 고기 2600g(그램)을 배고픈 호랑이들에게 나누어 주었어요. 다른 동물들도 곱하기 잘하는 주주아저씨 덕분에 꼭 필요한 만큼씩 아침 식사를 할 수 있었지요.

동물들에게 아침을 주고 나니 10시가 되었어요.

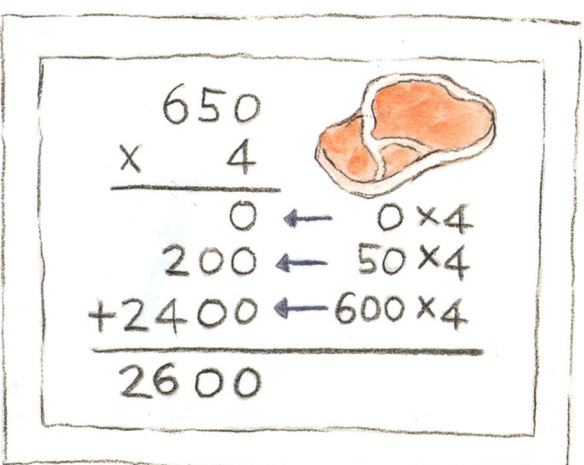

주주아저씨가 잠깐 쉬고 있는데, 생선 장사가 찾아왔어요.

"싱싱한 생선이 한 마리에 950원이에요."

"조금 있다 12시에 물개쇼를 할 때 물고기 60마리가 필요하니, 950×60을 계산해야겠군요."

"곱하기를 할 때는 숫자 뒤에 쓰인 0은 빼고 먼저 95×6을 계산하세요. 그럼 570이 나오지요. 거기에 아까 빼 놓았던 0 두 개를 붙이면 돼요. 그러면 모두 57000원입니다. 숫자 뒤, 즉 일의 자리부터 0이 있는 수의 곱셈 계산은 이렇게 하면 쉬워요."

"자, 똑똑한 물개들의 곱하기 쇼가 시작되겠습니다! 두 자리 수 곱셈을 하는 물개들입니다!"
물개들은 주주아저씨의 소개에 맞추어 하나씩 무대로 나왔어요. 그리고 주주아저씨가 보여 주는 푯말에 쓰인 곱셈식을 보고, 물속으로 풍덩! 정답이 적혀 있는 푯말을 입에 물고 밖으로 나왔지요.
"와, 대단하다! 수학 박사 물개로군!"
주주아저씨는 물개에게 찡긋 윙크를 하며 싱싱한 물고기를 던져 주었어요.

119 소방관의 하루 (나눗셈)

"119 소방본부입니다!"

사무 요원이 전화를 받자, 다급한 목소리가 들려왔어요.

"비닐하우스에 불이 났어요. 계속 옆으로 옮겨 붙고 있어요!"

사무 요원은 불이 난 곳의 위치를 듣고, 신속하게 소방관들에게 알렸어요.

"출동!"

6×5

30명의 소방관들은 소방차 5대에 6명씩 나누어 탔어요. 삐뽀삐뽀 소방차의 뒤를 따라, 애앵애앵 구급차도 달려갔지요. 불이 난 곳에 도착하자, 비닐하우스 6채에서 불꽃과 연기가 피어나고 있었어요.

"30명의 소방관! 비닐하우스 6채로 나누어 들어가라!"

소방관 30명은 잠시의 망설임도 없이 5명씩 짝을 지어 6채의 비닐하우스로 들어갔어요. 쏴아아아아! 용감한 소방관들 덕분에 불은 금세 꺼졌어요. 소방관 30명은 다시 소방차 5대에 6명씩 나누어 타고, 소방서로 돌아왔지요.

따르르르릉! 전화를 받자, 다급한 목소리가 들려왔어요.

"아기 혼자 집에 있는데 문이 안 열려요!"

"엘리베이터에 갇혔어요!"

"할머니가 쓰러졌어요!"

사무 요원들은 침착하게 소방관들에게 알렸어요. 소방서에 있던 32명의 소방관이 모두 모였어요. 30명의 소방관이 10명씩 3팀으로 나누어 출동했어요. 그리고 남은 2명은 소방서에 남아서 다른 사고를 준비하기로 했지요.

아기 혼자 남겨진 집으로 달려간 10명의 소방관들은 다시 3팀으로 나누었어요. 10명을 3팀으로 나누면, 3명씩, 그리고 나머지 1명. 3명은 옥상에서 밧줄을 타고 베란다로

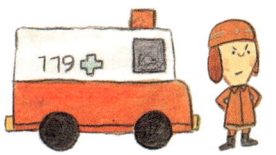

들어가고, 3명은 문으로 가서 문을 열어 보았고, 3명은 들어갈 다른 문이 있는지 살펴보았어요. 그리고 나머지 1명은 기다리고 있다가 아기가 나오면 구급차로 옮기기로 했지요.
엘리베이터로 달려간 10명의 소방관들은 다시 2팀으로 나누었어요. 10명을 2팀으로 나누면, 5명씩!

5명은 엘리베이터가 멈춰 있는 층으로 올라가 사람을 구하고 5명은 기계실에서 엘리베이터가 왜 멈췄는지 알아보기로 했어요.

저녁에도 119 소방관들은 소방서를 지켰어요. 따르르르릉!

"큰일났어요! 농장의 토끼 22마리가 우리 밖으로 달아났어요. 내 토끼, 내 토끼 좀 잡아 주세요!"

농장 주인은 엉엉 울며 부탁했어요. 소방관 5명이 농장으로 달려갔어요. 그리고 농장 주변과 뒷산을 샅샅이 뒤졌지요. 밤이 되자 소방관 5명은 토끼 4마리씩을 안고 농장으로 왔어요.

"너무 어두워서 더는 찾을 수가 없네요. 죄송합니다. 나머지 2마리는 찾지 못했어요."

"아닙니다. 정말 고맙습니다. 덕분에 20마리나 찾을 수 있었어요. 나머지 2마리는 산에서 잘 살기를 바래야지요."

농부는 부엌으로 들어가 찐 고구마 47개를 들고 나왔어요.

"드릴게 이것밖에 없네요. 똑같이 나누어 드세요."

"어, 47개를 5명으로 나누면 9개씩, 그리고 나머지가 2! 2개는 어쩌지요?"

그러자 농부가 몸집이 커다란 소방관을 가리키며 말했어요.

"저 분은 큰 몸집만큼 더 드셔야 할 것 같아요."

농부의 말에 모두들 배를 잡고 웃었어요. 그리고 소방서로 돌아와 찐 고구마를 맛있게 나누어 먹었지요.

맞춤수학1

자릿수에 맞추어 덧셈을 하세요.

```
  5864        3425        2239        7654
+  984      +  243      +  834      +  456
------      ------      ------      ------
```

맞춤수학2

1) 소라가 세뱃돈으로 3400원을 받았어요. 세뱃돈으로 530원짜리 공책을 샀다면, 남은 돈은 얼마일까요? 식을 만들어 풀어 보세요.

식 _____ 답 _____ 원

2) 아래 그림을 보고 약국에서 소라네 집까지의 거리는 몇 m(미터)인지 식을 만들어 풀어 보세요.

식 _____ 답 _____ m(미터)

맞춤수학3

그림을 보고 알맞은 곱셈식을 만들어 보세요.

식 _____   식 _____

맞춤수학4

친구들 13명을 4명씩 한 모둠으로 만들면 몇 모둠이 만들어지고 남은 친구가 몇 명인지 알아보세요. 먼저 친구 13명을 4명씩 모둠으로 묶어 보세요. 그리고 식을 만들어 답을 구해 보세요.

식 _____   답 _____ 모둠, 나머지_____ 명

김연아처럼 될 테야! (평면도형)

앙드레도형의 패션쇼 (평면도형의 이동)

이야기 할아버지 (원)

토끼 마을의 플로리스트 (들이와 무게)

별을 파는 외계인 (들이와 무게)

교고서 엿보기

도형과 측정

1학년, 2학년 때 나왔던 도형은
쉽고, 재미나고, 꼭 미술놀이를 하는 것 같았어.
하지만, 두둥! 3학년 도형은 요리조리 측정하고,
꼼꼼히 계산도 해야 해!
왜 이렇게까지 어렵게 공부해야 하냐고?
궁금하다면 이야기를 잘 읽어 봐.
그 안에서 답을 찾게 될 거야.

김연아처럼 될 테야! (평면도형)

하늘하늘 날개 옷을 입고, 빙그르르 점프, 빙그르르 슈웅!

"와, 김연아 선수는 천사야, 천사!"

김연아 선수의 피겨스케이팅 경기를 보던 현아는 벌떡 일어났어요. 그리고는 빙글 쿵, 빙글빙글 쿵쿵!

"나도 김연아처럼 될 테야! 이름도 김현아잖아. 어때, 멋지지?"

현아가 풀풀 먼지를 내며 뛰어다니자, 수학 공부를 하던 오빠가 꽥 소리쳤어요.

"야, 김연아는 아무나 되냐? 너처럼 수학에 수 자만 들어도 벌벌 떠는 애는 못해!"

오빠의 말에 현아도 소리를 꽤액!

"피겨스케이팅이랑 수학이 무슨 상관이야!"

현아는 엄마에게 달려가 부탁했어요.

"엄마, 나 진짜 잘할 자신 있어요. 피겨스케이팅 배우게 해주세요! 네?"

현아는 엄마를 따라다니며 조르기도 하고, 엉엉 울어 보기도 하고, 밥을 먹지 않는다고 협박도 했어요.

"아무리 힘들어도 열심히 할게요!"

현아는 결국 엄마와 이런 약속을 하고, 피겨스케이트를 배우러 다니게 되었어요.

처음 며칠 동안 현아는 스케이트 타는 연습만 했어요.

현아는 다리를 번쩍 들고, 팔을 꺾었다 폈다 아름다운 동작을 연습하는 언니들이 부러웠어요.
"쳇, 내가 시계 바늘도 아니고 이게 뭐야? 스케이트장을 빙글빙글 돌기만 하잖아."
현아는 심통이 났어요. 하지만 엄마랑 했던 약속을 생각하며, 열심히 스케이트 타는 연습을 했지요.

얼마 후, 선생님이 현아를 스케이트장 가운데로 불렀어요.
"자, 지금부터 손동작을 연습해 보자!"
현아는 신바람이 나서 선생님의 말씀에 귀를 기울였어요.
"양팔을 180도로 펼쳐 보렴."

순간, 현아는 숨이 컥!

"180도? 그게 뭐야? 온도인가?"

현아가 얼굴이 빨개져 있을 때, 옆에 있는 언니가 팔을 쭉 폈어요. 현아도 흘끔흘끔 언니를 따라 했지요. 그러나 이번엔,

"자, 90도!"

현아는 이번에도 힐끗힐끗! 얼굴은 빨갛게 달아오르고, 식은 땀이 줄줄 흘렀지요.

1년보다 더 길게 느껴지는 1시간 수업이 끝났어요. 현아는 짐을 챙겨 허둥지둥 집으로 왔어요. 그리고 오빠 방으로 뛰어 들어갔어요.

"오빠, 나 각도 좀 가르쳐 줘!"

현아의 말에 오빠는 눈이 휘둥글!

"뭐? 니가 수학을, 그것도 각도를 공부하겠다고? 됐네!"

현아는 이번에도 조르기도 하고, 버럭 화도 내고, 또 오빠가 엄마 몰래 컴퓨터 게임했던 것을 이른다고 협박도 했어요.

"꼭 열심히 배울게!"

현아는 이번에도 결국 이런 약속을 하고, 오빠에게 각도를 배울 수 있게 되었어요.

오빠는 현아가 좋아하는 인형을 들고 왔어요.

"자, 인형으로 각도를 표현해 볼게. 이렇게 쫙 펼치면 180도, ㄴ자처럼 꺾으면 90도! 또 90도보다 작은 각은 예각, 90도보다 큰 각은 둔각이라고 불러."

현아는 오빠가 인형으로 만드는 각을 따라 했어요.

"그럼, 이렇게 ㄴ으로 꺾으면 90도, 직각인 거야?"

"우와, 현아야, 네가 웬일이냐? 맞아!"

현아는 어깨를 으쓱으쓱, 열심히 오빠에게 각도를 배웠어요.

"각도 공부도 열심히 해서 김연아처럼 될 테야!"

예각

둔각

앙드레도형의 패션쇼 (평면도형의 이동)

초대장

세계적인 디자이너 앙드레도형의 패션쇼에 당신을 초대합니다. 앙드레도형은 도형을 이용한 멋진 디자인으로 마술 같은 패션쇼를 보여 줄 것을 약속드립니다.

때 : 20XX년 3월 1일
장소 : 세계문화회관

(가능한 대중교통을 이용해 주세요.)

"야호! 내가 앙드레도형의 패션쇼에 초대받았어!"

꿈이는 폴짝폴짝 뛰며 좋아했어요.

"이게 꿈이야, 생시야!"

꿈이는 옷장에서 도형이 잔뜩 그려진 옷을 꺼내 입었어요.

"도형으로 멋진 디자인을 만들어 내는 앙드레도형의 패션쇼니까, 나도 도형 무늬가 가득한 옷을 입고 가야지!"

꿈이는 옷을 입고 빙글빙글 춤을 췄어요.

그러자 옷에 있는 도형들도 흔들흔들 춤을 추는 듯 보였지요.

드디어 앙드레도형의 패션쇼가 열리는 날이 되었어요.

꿈이는 일찍 가서 가장 앞에 자리를 잡고 앉았어요.

"오늘은 어떤 마술 같은 패션쇼가 펼쳐질까?"

꿈이가 콩닥콩닥 설레며 있을 때, 신나는 음악과 함께 무대의 막이 올라갔어요. 그리고 패션모델이 천천히 걸어 나와 치마를 활짝! 길쭉해 보이던 직사각형이 정사각형으로 바뀌었어요.

"와!"

사람들은 감탄을 하며 박수를 쳤지요.
패션모델은 박수에 맞추어 앞으로,
뒤로, 옆으로 걸었어요.
하지만, 도형의
모양이 다르게
변하지는 않았어요.
첫 번째 모델이 들어가고,
두 번째 모델이 나왔어요.

모델은 앞뒤로 똑같은 도형이 그려진 옷을 입고 나왔어요.
날씬한 모델이 입은 빳빳한 옷은 마치 모양 카드의 앞, 뒷면처럼 보였어요. 모델은 앞의 도형 모양을 보여 주고, 뒤로 휙 돌았어요. 그러자 모양의 좌우가 바뀌어 보였지요.
"와! 와!"
모델의 움직임에 따라 바뀌는 모양에, 사람들이 환호했어요.

다음에 나온 모델은 정말 대단했어요.

이번에는 휘리릭 재주를 넘었어요.

모델의 옷에 그려진 도형은, 위쪽으로 뒤집히면서 위쪽이 아래쪽으로, 아래쪽이 위쪽으로 바뀌었어요.

옆으로 돌고 위로 휙 재주를 넘을 때마다, 옷에 그려진 도형은 멋진 모양으로 휙휙 바뀌었어요.

사람들은 입을 떡 벌리고 그 모습을 바라보았어요. 꿈이도 할 말을 잃고 무대만 올려다 보았지요.

끝으로 모델들은 모두 나와 옆으로 재주를 넘으며 돌았어요. 모델들의 옷에 그려진 도형은 빙글빙글 돌며, 여러 가지 모양을 만들어 냈지요.

"앙드레도형 최고!"

사람들은 모두 자리에서 일어나 박수를 쳤어요.

꿈이는 집으로 돌아오면서 앙드레도형이 선물한 도형 카드를 살펴보았어요.

꿈이는 도형을 옮기고, 뒤집고, 돌리며 모양을 관찰했어요.

"오, 앙드레도형의 패션쇼는 최고였어! 나도 꼭 멋진 디자이너가 될 거야."

꿈이는 앙드레꿈이의 패션쇼를 떠올리며 활짝 웃었지요.

이야기 할아버지 (원)

우리 옆집에는 할아버지가 살고 계세요. 엄마가 그러시는데, 할아버지는 이야기를 만드는 작가래요.

그래서 할아버지는 재미있는 이야기를 정말 많이 알고 계세요. 가끔 공원을 산책하다가 할아버지를 만나면, 그날은 정말 운이 좋은 날이에요. 할아버지가 해주는 재미있는 이야기를 들을 수 있거든요. 바로 오늘처럼요.

"우리 왕자님! 오늘은 원 이야기를 해줄까?" 나는 고개를 갸우뚱했어요. 원이라는 말은 태어나서 처음 들어봤거든요. 아, 내 친구 원준이의 이름에 들어 있는 글자이기는 한데, 그 원이 그 원인지는 모르겠어요. 그러자 할아버지는 너털웃음을 지으시더니, 원에 대해 설명해 주셨어요.

"동그라미, 그게 원이란다! 중심에서 같은 반지름을 갖는 점들이 모인 멋진 도형이지."

할아버지는 벌떡 일어나 나의 손을 잡았어요. 그리고 나를 빙그르르 돌게 했지요. 나는 할아버지를 중심으로 빙그르르르! 그러자 땅에 동그란 원이 그려졌어요. 할아버지는 다시 공원 의자에 앉으셨어요. 그러고는 이렇게 이야기를 시작했지요.

"바로 이 원 때문에 죽은 사람도 있지."

나는 깜짝 놀라 할아버지를 재촉했어요.

"누가요? 왜요? 할아버지! 어서 이야기해주세요."

그러자 할아버지는 눈을 지그시 감고 이야기를 시작했어요. 할아버지가 들려준 이야기는 이랬어요.

고대의 유명한 수학자인 아르키메데스라는 사람의 나라에 전쟁이 났데요. 하지만, 아르키메데스는 땅에 커다란 원을 그려 놓고 골똘히 생각에 잠겨 있었지요.

바로 그때, 적군이 그 앞을 지나가려고 했어요.

그러자 아르키메데스가 가로막으며 소리쳤어요.

"내 원을 밟지 마시오!"

화가 난 적군은 아르키메데스를 죽였어요.

위대한 수학자가 바로 원 때문에 죽게 된 것이지요. 나중에 아르키메데스를 알아본 적군의 장군이 아르키메데스가 죽으면서 남긴 유언에 따라, 묘비의 원기둥 안에 원뿔과 구가 꽉 들어차 있는 그림을 새겨 주었지요.

할아버지의 이야기를 모두 듣고 난 후 나는 바닥에 그려진 원을 쓱쓱 지웠어요.

"원 때문에 죽어 놓고, 묘비에 도형을 그려 달라고 했다고요? 난 원 때문에 죽기는 싫어요."

그런 내 모습을 보고 할아버지는 껄껄 웃으셨어요.

"걱정하지 말거라. 지금은 로마 시대가 아니잖니? 그만큼 수학을 사랑한 수학자가 있었다는 얘기를 해주려는 거였는데, 이거 괜히 원에 대해 안 좋은 생각을 갖게 했구나."

할아버지는 자리에서 일어나더니 멀리 있는 아이들에게 손짓을 했어요.

"이리 오너라. 우리 세상에서 가장 큰 원을 만들어 보자꾸나."

할아버지는 나를 가운데 세웠어요. 그리고 내 옆으로 아이들이 손잡고 긴 줄을 서라고 하셨어요.

"네가 원의 중심이고, 너희들이 원의 반지름이 되는 거다. 자, 천천히 돌아라!"

할아버지의 구령에 맞추어 하나 둘 하나 둘, 어느새 바닥에는 커다란 원이 그려졌어요.

할아버지는 주머니에서 컴퍼스라는 원을 그리는 도구를 꺼내어 시범을 보여 주기도 했지요. 원 때문에 죽은 아르키메데스에게는 미안하지만, 나는 원 때문에 오늘 하루가 정말 즐거웠어요.

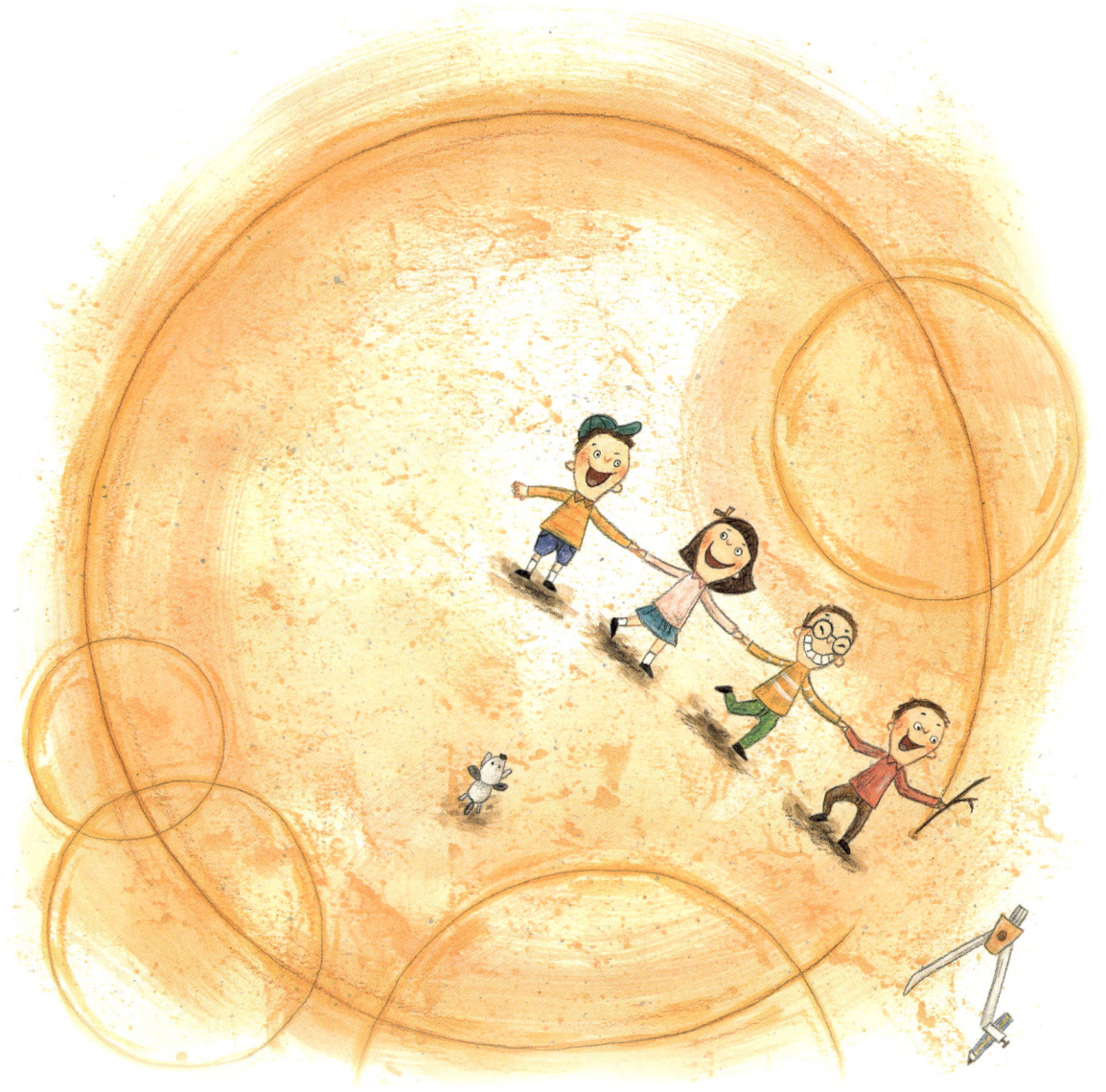

토끼 마을의 플로리스트 (들이와 무게)

토끼 마을의 플로리스트 알록이는 어릴 때부터 꽃을 좋아했어요. 그래서 꽃을 가꾸는 플로리스트가 되었지요.

알록이의 하루는 꽃에 물을 주는 일로 시작해요.

"물을 좋아하는 꽃은 물을 많이 주고, 물을 싫어하는 꽃은 물을 조금만 줘야 해!"

알록이는 꽃마다 줘야 할 물의 양을 적어 두었어요.

"애는 한 컵, 쟤는 한 주전자!"

어? 그런데 이를 어쩌지요? 항상 물을 주던 컵이 없어진 거예요. 알록이는 하는 수 없이 몸통이 불룩한 컵에 물을 가득 채워 꽃에 물을 주었어요.

알록이는 다른 날처럼 바쁘게 하루를 보냈어요. 흰둥이의 결혼식 꽃다발을 만들어 주고, 깡충이의 생일 꽃바구니도 배달해 주었지요.

깜깜한 밤이 되어서야 알록이는 쉴 수 있었어요. 그런데, 그때 알록이의 눈에 고개를 푹 숙인 꽃이 들어왔어요.

알록이는 밤새 꽃을 정성껏 돌봤어요. 덕분에 아침이 되자 꽃은 다시 활짝 살아났지요.

"휴, 다행이다. 이제 정확한 양 만큼 물을 줘야겠어."
알록이는 시장으로 달려갔어요. 그리고 들이를 알 수 있는 눈금이 그려진 컵을 샀어요.
또 원예 책을 찾아보고, 꽃마다 줘야 할 물의 양을 정확히 알아 뒀지요.

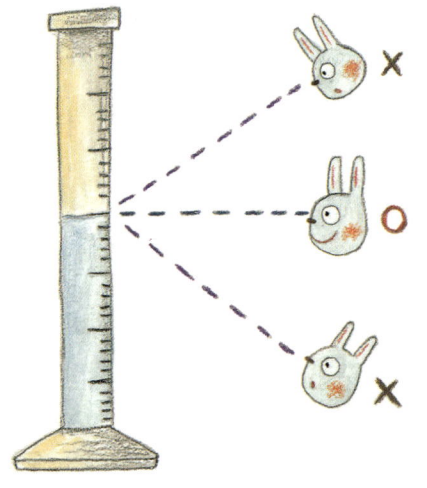

"이 꽃은 300밀리리터(mL), 이 꽃은 1000밀리리터(mL), 즉, 1 리터(L)의 물을 줘야 해."
덕분에 알록이의 꽃들은 더욱 싱싱하게 잘 자랐어요. 또 알록이는 필요한 물을 각각 더해 물을 따라왔어요.

"이 꽃은 2리터(L) 300밀리리터(mL) 물을 줘야 하고, 저 꽃은 1리터(L) 100밀리리터(mL) 물을 줘야 해. 그러니까 모두 합하면 3리터(L) 400밀리리터(mL) 만큼이 필요해."

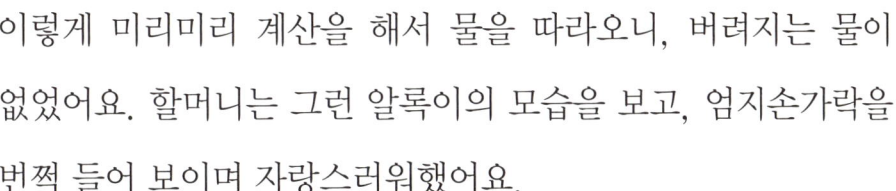

이렇게 미리미리 계산을 해서 물을 따라오니, 버려지는 물이 없었어요. 할머니는 그런 알록이의 모습을 보고, 엄지손가락을 번쩍 들어 보이며 자랑스러워했어요.

"우리 알록이, 토끼 마을의 제일가는 플로리스트로구나!"

별을 파는 외계인 (들이와 무게)

외계인 또로롱은 은하계에서 유명한 별 장사예요. 말 그대로 우주 여기저기를 돌아다니다, 주먹 만한 별을 모아 팔지요.

은하계에 살고 있는 생명체 중에서, 또로롱의 별을 사지 않은 이는 아무도 없을 정도지요. 그래서 또로롱은 생각했어요.

"이제 별을 더 팔 곳이 없네. 그렇다면 타임머신을 타고 과거로 가 볼까?"

또로롱은 타임머신에 올라타고 먼저 지구로 날아갔어요.

"먼저 조선 시대! 조선 시대로 별을 팔러 또로롱 똥똥!"

조선 시대로 간 또로롱은 별을 팔 만한 곳을 찾았어요.

"얘들아! 물건을 팔려면
어디로 가야 하니?"
아이들은 요상하게 생긴
또로롱을 한참 살펴보더니,
"장으로 가세요!"
하고는 졸졸졸 또로롱을 따라다녔어요.
또로롱은 장으로 갔어요. 장에는 채소, 고기, 쌀 등의 물건을
팔러 나온 장사꾼들과 사러 온 손님들로 시끌벅적했지요.
"시금치가 한 근에 한 냥!"
"고기가 한 근에 열 냥!"
"쌀이 한 말에 백 냥!"
또로롱은 배가 고파
꼬르륵 꼬르륵!
"우선 뭘 좀 먹어야겠다."
또로롱은 싱싱한 채소를
파는 장사꾼에게 다가갔어요.

"싱싱한 걸로 한 근 주세요."

또로롱은 옆에 사람이 하는 대로 말하고 값을 치렀어요. 하지만 한 근이 얼만큼인지 궁금했지요. 그래서 장사꾼이 주는 채소를 몰래 전자 저울에 올려 놓았어요.

"삐리리, 400그램(g)!"

또로롱은 그제야 고개를 끄덕였어요.

'아하, 400그램(g)이 한 근이구나!'

또로롱은 채소를 와작와작 맛있게 먹었어요. 또로롱은 다음에 고기를 파는 장사꾼에게 갔어요.

"고기 한 근 주시오!"

또로롱은 이번에도 400그램(g)을 줄 거라고 생각했어요.

또로롱이 고기를 전자 저울에 올려 놓으니,

"삐리리, 600그램(g)!"

또로롱은 고기를 400그램(g)만 구워 먹고, 남은 것은 장사꾼에게 가져다 주었어요.

"나도 장사를 하는 사람이라, 이렇게 밑지고 팔면 안 되지요. 어서 받으세요."

하지만, 장사꾼은 정확히 팔았다며 고기를 돌려받지 않았어요.

또로롱은 채소 장사꾼과 고기 장사꾼을 한참 관찰하고 나서야, 채소는 한 근이 400그램(g)이지만, 고기는 한 근이 600그램(g)이라는 것을 알았지요.

배가 부르자, 또로롱도 별을 팔기 위해 자리를 잡았어요.

또로롱은 곰곰이 생각하다가, 옛날 돈인 엽전 대신 쌀을 받기로 했지요.

채소 한 근 = 400g
고기 한 근 = 600g

그런데, 문제가 생겼어요. 한 섬을 달라는 사람도 있고, 한 말을 달라는 사람도 있고, 한 되, 한 홉…….
"아이코, 뭐가 이렇게 복잡해!"
쌀을 헤아리는 단위는 통 알 수가 없었어요. 쌀 상인에게 별 한 개를 공짜로 주고서야, 쌀 한 섬은 10말과 같고, 쌀 한 말은 10되와 같고, 쌀 한 되는 10홉과 같다는 것을 배웠지요.
그때, 부자가 또로롱에게 다가왔어요.

한 돈 = 금 4g
한 냥 = 금 40g

"번쩍이는 것을 보니 금이 틀림없는데, 이게 한 덩어리에 몇 냥이나 되오?"

또로롱은 한참을 고민하다가,

"저, 죄송합니다만, 냥이 뭔가요?"

그러자 부자는 쯧쯧 혀를 차며 또로롱을 나무랐어요.

"금을 헤아리는 단위도 모르면서 금을 팔려고? 뭐 이런 상인 같지 않은 상인이 있어?"

부자가 휙 돌아가 버리자, 또로롱은 창피한 마음에 타임머신을 타고 우주로 돌아갔어요.

"옛날에 쓰던 단위를 잘 배우고 가야지. 이거 우주 최고의 장사꾼 또로롱 체면이 말이 아니군."

교과서 엿보기

맞춤수학5

아래 도형에서 직각(90°)을 모두 찾아 ㄱ으로 표시해 보세요.

맞춤수학6

도형을 여러 방향으로 돌렸을 때 생기는 모양을 각각 그려 보세요.

맞춤수학7

알맞은 말을 찾아 ◯ 해 보세요.

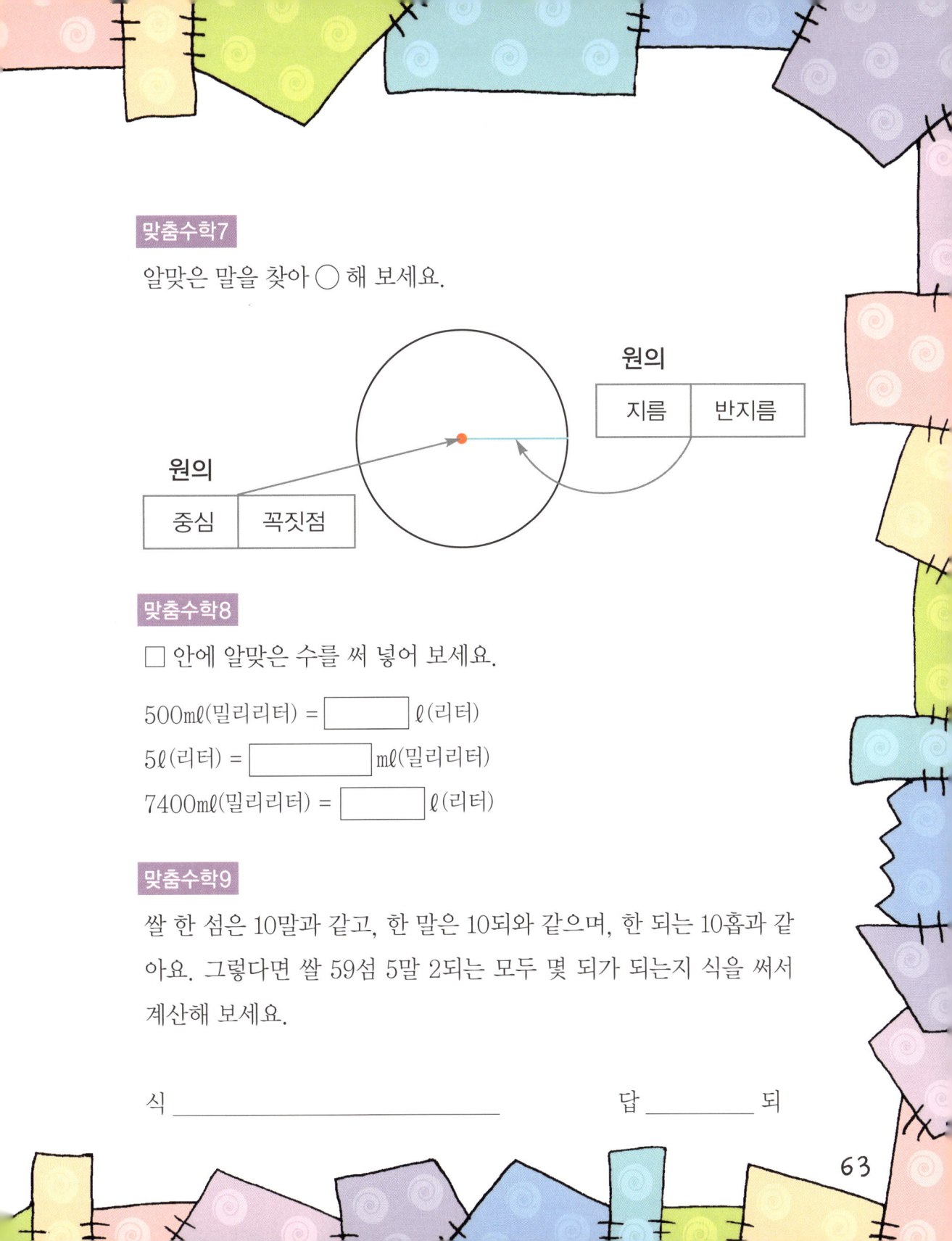

맞춤수학8

☐ 안에 알맞은 수를 써 넣어 보세요.

500㎖(밀리리터) = ☐ ℓ(리터)

5ℓ(리터) = ☐ ㎖(밀리리터)

7400㎖(밀리리터) = ☐ ℓ(리터)

맞춤수학9

쌀 한 섬은 10말과 같고, 한 말은 10되와 같으며, 한 되는 10홉과 같아요. 그렇다면 쌀 59섬 5말 2되는 모두 몇 되가 되는지 식을 써서 계산해 보세요.

식 _____ 답 _____ 되

코끼리 택시비가 99990원 (10000까지의 수)

숲 속의 건축가 할아버지 (분수)

쉿, 비밀이야! (소수)

우주의 집배원 솔래 아저씨 (큰 수)

기수 모모와 꼴지 말 (분수와 소수의 관계)

교과서 엿보기

여러 가지 수

1부터 1000까지의 수를 헤아릴 수 있는데,
수를 더 배울 필요가 있냐고?
태양에서 지구까지의 거리를
1000까지의 수로 나타낼 수 있을까?
또, 0과 1사이에 있는 수는 어떻게 나타낼 건데?
큰 수, 작은 수, 부분을 나타내는 수…….
자, 여러 가지 수를 만날 준비됐지?

코끼리 택시비가 99990원 (10000까지의 수)

여행가 소야가 아프리카에 도착했어요.
"와! 코끼리, 기린, 하마, 코뿔소! 동물원에서나 봤던 동물들이 초원을 뛰어다니고 있어. 아프리카는 정말 멋진 땅이야."
소야는 버스를 타고 배를 타고 타박타박 걸어 작은 마을에 도착했어요.
마을에는 천막으로 지어진 작은 호텔도 있었어요.
"날이 어두워졌으니, 오늘은 천막 호텔에서 자야겠다."
소야는 천막 틈 사이로 보이는 반짝반짝 빛나는 별들을 바라보며 잠들었어요.

다음 날 아침, 소야는 멀리서 들려오는 동물들의 울음 소리에 잠에서 깨어났어요. 소야는 천막 호텔 밖으로 나와 아침 산책을 했어요. 호텔 주변에는 작은 장이 서 있었어요.

먹음직스러운 빵을 보자, 소야는 군침이 꿀꺽!

"이거, 주세요. 냠냠, 먹을 거예요."

소야는 손짓 발짓을 하며 빵을 사겠다고 말했어요. 그러자 빵을 굽던 아주머니는 빙그레 웃으며 빵을 건넸어요. 그리고 6450이라고 쓰인 표지판을 가리키며 손을 내밀었어요.

"6450원? 빵 하나가 그렇게 비싸요?"

순간, 소야의 배에서 꼬르륵 꾸륵 꾸륵!

소야는 하는 수 없이 지갑을 열었어요. 그리고 알록달록 아프리카 돈을 바라보며 그제야 활짝 웃었지요.

"아차차, 내가 어제 공항에서 아프리카 돈으로 바꾸었지? 아프리카 돈으로 6450원이라면, 우리 돈으로 50원도 안 되잖아."

소야는 괜히 아주머니에게 미안한 마음이 들었어요. 그래서 빵을 2개 달라고 하고, 12900원을 냈어요.

"아프리카 돈으로 만 원 1장, 천 원 2장, 백 원 9장!"

'하하, 빵을 사는 데 이렇게 큰돈을 내다니, 내가 큰 부자가 된 것 같네.'

한참 길을 걷던 소야는 염소 젖을 짜고 있는 아저씨에게서, 염소 젖 한 컵을 달라고 했어요.

"4350원이요? 이런, 천 원짜리를 호텔 가방에 두고 왔나 봐."

소야는 하는 수 없이 백 원 43장, 십 원 5장을 냈어요.

"와, 종이 돈이 48장이나 되니 굉장히 비싸게 느껴지는데."

하지만 소야는 이런 경험도 마냥 신기하고 재밌기만 했어요.

소야는 휘휘 휘파람을 불며 신나게 아프리카 초원을 걸었어요.

한참을 그렇게 가다가 뒤를 돌아보니,
"아차차, 너무 멀리 왔나 봐. 여기가 어디지?"
그때, 소야 앞으로 쿵쿵 쿵쿵, 커다란 코끼리 한 마리가 달려왔어요. 소야는 깜짝 놀라 뒤로 주춤 물러서는데, 코끼리에서 아저씨가 내려와 "택시! 택시!"라고 말하는게 아니에요?
소야는 얼른 천막 호텔 주소가 적힌 쪽지를 보여 줬어요. 그러자 아저씨는 알겠다는 듯 소야를 코끼리 택시에 태웠어요.

천막 호텔까지는 코끼리 택시를 타고도 한참을 가야 했어요.

소야는 코끼리 택시에서 내리며 몇 번이고 고맙다고 절을 했어요. 그런데, 택시비가 자그마치 99990원!

소야는 호텔에 남겨 두었던 배

... 99990 ...

낭을 들고 나왔어요. 그리고 배낭 안에 넣어 두었던 종이돈을 와르르!

"음…… 만 원 5장, 천 원 100장, 백 원 10장, 십 원 100장, 쩝, 어쩌지?"

소야는 코끼리 택시비 99990원을 어떻게 내야 할까요?

숲 속의 건축가 할아버지 (분수)

깊고 깊은 숲 속에 할아버지가 이사를 왔어요. 동물들은 모두 고개를 갸우뚱갸우뚱, 새로 이사 온 이웃이 궁금했지요. 할아버지는 동물들에게 이렇게 말했어요.

"나는 젊은 시절 도시에서 집을 짓는 건축가였단다. 이제 나이가 들어 일은 모두 젊은이들이 하게 되었지만, 숲 속에서라면 난 아직 쓸모 있는 건축가일 걸. 어때? 내가 이사 온 기념으로 너희들에게 집을 지어 주마!"

할아버지의 약속에 동물들은 모두 폴짝거리며 좋아했어요.

할아버지는 식구가 많은 다람쥐네 집부터 지어 주기로 했어요. 할아버지는 뚝딱뚝딱, 다람쥐가 좋아하는 나무 위에 4채의 집을 지었어요.

8마리의 다람쥐들은 쪼로로 나무집으로 달려가다가 우뚝!

그리고 할아버지께 여쭈었어요.

"몇 씩 들어가야 해요?"

그러자 할아버지가 말씀하셨어요.

"똑같이 4로 나누어 서 봐라. 이 중에서 한 집에 $\frac{1}{4}$씩 들어가면 되지."

※ 알쏭달쏭 어쩌나? 아래 다람쥐들을 똑같이 4묶음이 되게 2씩 ○로 묶어 보세요. 그리고 8의 $\frac{1}{4}$이 몇 마리인지 말해 보고, 다람쥐를 나무집과 줄로 이어 보세요.

이번에는 어떤 일이든 절대 양보하지 않는 돼지 삼형제네 집을 지어 주기로 했어요.
"우리는 바닥이 동그란 모양의 집을 똑같이 나누어 지어 주세요."
할아버지는 곰곰이 생각하고, 쓱쓱 싹싹 설계도를 그리며 바닥을 나누어 뚝딱뚝딱 돼지들의 집을 완성했지요.

※ 동그라미 모양의 땅을 똑같이 3으로 나눈 것 중에 돼지 한 마리의 집, 즉 $\frac{1}{3}$은 얼마만큼일까요? 할아버지의 땅 모양 설계도에 $\frac{1}{3}$을 색칠해 보세요.

양보심 많은 네 마리 토끼들의 집을 짓는 것도 쉽지만은 않았어요.

"언니 토끼는 더 크니까 집도 더 커야 해요."

"엄마 토끼는 곧 새끼를 낳을 테니 집이 더 커야 해요."

결국 할아버지는 토끼들의 의견을 모아, 곧 새끼를 많이 낳을 엄마 토끼를 위해 땅의 $\frac{3}{4}$에 커다란 집 한 채를 짓고, 남은 $\frac{1}{4}$의 땅에 나머지 토끼들이 함께 살 집을 높게 지었어요.

"대신 작은 땅에는 3층으로 집을 지어 주마."

※ 엄마 토끼의 커다란 집이 지어진 땅인 $\frac{3}{4}$은 얼마만큼인지 땅 모양 설계도에 색칠해 보세요.

숲 속 동물들의 집을 짓느라 할아버지께서 무리를 하셨나 봐요. 할아버지께서 그만 병이 나고 말았어요.
걱정하는 동물들에게 할아버지는 애써 웃음을 보였어요.
"괜찮아, 며칠 쉬고 나면 곧 일어날 거야. 그나저나 날씨가 추워지니 이를 어쩐다."
할아버지는 숲 속의 동물 20마리 중에서 몇 마리의 동물에게 집을 지어 주었는지 헤아려 보았어요.
"20마리 중에서 15마리에게 집을 지어 주었으니, $\frac{15}{20}(=\frac{3}{4})$이 집이 있고, $\frac{5}{20}(=\frac{1}{4})$이 집이 없는 거로구나. 그래도 집이 있는 동물들이 더 많아 다행이네."

하지만 할아버지는 겨울이 올 때까지 일어나시지 못했어요.
하는 수 없이 남은 5마리의 동물들은 할아버지의 집에서 겨울을 났지요. 동물들의 간호 덕분에 따뜻한 봄이 되자, 할아버지는 자리를 털고 일어나실 수 있었지요.
"자, 이제 나머지 5마리를 위해 집을 지으러 가 볼까?"
할아버지께서 집을 나서는데, 이런, 새끼 동물들이 졸졸졸 졸졸졸! 겨울 동안 새끼 동물들이 20마리나 더 늘어났네요.

※ 그렇다면, 알쏭달쏭? 할아버지가 집을 지어 줘야 할 동물은 전체 40마리 중 25마리, 몇 분의 몇 일까요?

쉿, 비밀이야! (소수)

이 이야기는 지금 글을 쓰고 있는 내 방에서 일어난 일인데, 여러분에게만 살짝 들려주는 이야기니까, 쉿, 비밀이에요!

삼 년 전, 어느 봄날이었지요.

출판사에 마감할 원고가 있어서, 열심히 컴퓨터 앞에 앉아 원고를 쓰고 있었어요. 내가 좋아하는 막대 과자를 오독오도독 먹으면서요.

바로 그때, 아주 작은 소리가 들렸어요.

"많이 있다." 하는 것 같기도 하고, "맞을래?" 하는 것 같기도 하고. 나는 호기심에 소리가 나는 쪽으로 귀를 기울였어요.

그러자 "맛있겠다!"라는 소리가 또렷이 들렸지요.

나는 소리가 나는 곳을 쳐다봤어요.

그런데, 세상에! 거기에는 아주 작은, 그러니까 딱 엄지손가락 만큼 작은 사람 10명이 오글오글 모여 있는 거예요.

나는 '에그머니나' 소리치려다가 금세 입을 꾹 막았어요.

"상상의 세계를 이야기로 꾸미는 작가가 이런 일에 당황하면 안 되지! 암, 안 되고 말고!"

나는 나 스스로를 위로하며, 조심조심 작은 사람들에게 긴 막대 과자 1개를 내밀었어요. 그러자 그 작은 사람들, 참 뻔뻔도 하지,

"나눠 줘! 작은 1로 나눠 줘!"

하는 거예요.

아무리 뻔뻔해도 내 방에 온 손님인데 함부로 대할 수는 없었어요. 그래서 나는 자까지 대고 똑같이 과자 1개를 10등분했어요. 그러고 보니, 나누지 않은 과자 1개는 큰 1, 10등분한 과자 중 한 개는 작은 1처럼 보였지요.
"작은 1? 그럼 작은 수인 소수 0.1인데!"
나는 작은 사람들에게 작은 일을 나누어 주며 말했어요.
"자, 너도 0.1, 너도 0.1……."
작은 사람들은 작은 0.1만큼의 과자를 맛있게 오독오독 먹었어요. 그런데, 문제는 그 다음이었어요. 사람들은 먹을 것을 빨리 먹는 사람도 있고, 또 천천히 먹는 사람도 있기 마련이잖아요.

작은 사람들도 그랬어요. 9명은 과자를 모두 먹었는데, 1명이 아직 과자에 입도 대지 않고 있는 거예요.

그러자 9명이 또 뻔뻔스럽게 그러네요.
"저것도 나눠 줘. 10등분으로 똑같이!"
어이쿠, 그래서 어쨌냐고요? 그 작은 0.1을 또다시 10 등분하느라 손에 쥐가 날 지경이었지요.
어쨌든 그렇게 나누고 보니,
"0.1을 또 10으로 나누니 0.01이네."
나는 어느새 작은 사람들과 하는 소수 놀이에 폭 빠졌어요. 그래서 초콜릿 1개를 들고 와 10등분해서 0.1씩 나누어 주고, 길쭉한 빵 1개를 10등분해서 0.1씩 나누어 주기도 했어요.

작은 사람들은 꼬박꼬박 잘도 받아먹고는, 이제 배가 부른지 인사도 않고 휙!

정말 휙 돌아 문틈으로 나가는 거예요.

나는 약이 올라서 소리를 꽥 지르고 싶었어요.

"쳇, 고맙다는 인사 정도는 했어야지."

나는 밤새도록 쿵쾅쿵쾅 컴퓨터 자판을 두드리며 원고를 썼어요. 그리고 새벽녘이 되어서야 잠이 들었지요.

다음 날 아침, 쿵쿵 고소한 냄새가 솔솔 내 코를 간질였어요.
"음냐, 음냐, 꿈인가?"
하고 생각하다가, 살짝 눈을 떠 보았지요. 그런데, 세상에! 눈 앞에 달콤한 초코 빵 1개가 놓여 있는 게 아니겠어요. 아니 정확히 말하면 0.1씩 10개가 모여, 초코 빵 1개를 이루고 있었던 거지요. 나는 그 조그만 초코 빵을 누가 가져다 놓았는지 금세 알 수 있었어요.

그 후로 작은 사람들이 또 찾아 오냐고요? 글쎄요? 그건 작은 사람들과 나만의 비밀이에요.
"쉿, 비밀이야!"

우주의 집배원 솔래 아저씨 (큰 수)

태양에 사는 솔래 아저씨는 우주의 집배원이에요.

아침 일찍 일어나 지구, 해왕성, 금성으로 편지를 배달하지요.

태양에서 지구까지의 거리는 1억 4960만 킬로미터!

해왕성까지는 4500000000킬로미터나 되요.

그러니 아침 일찍 일어나, 아무리 빠른 우주선을 타고 배달을

한다고 해도, 잠시도 쉴 틈 없이 바쁘지요.

아! 그런데 해왕성까지의 거리를 아직도 읽지 못하고

'일, 십, 백, 천, 만, 십 만, 백 만, 천 만……'

하며 헤아리고 있나요? 이런! 그렇다면, 먼저 솔래 아저씨에게 큰 수를 읽는 방법부터 배워야겠네요.

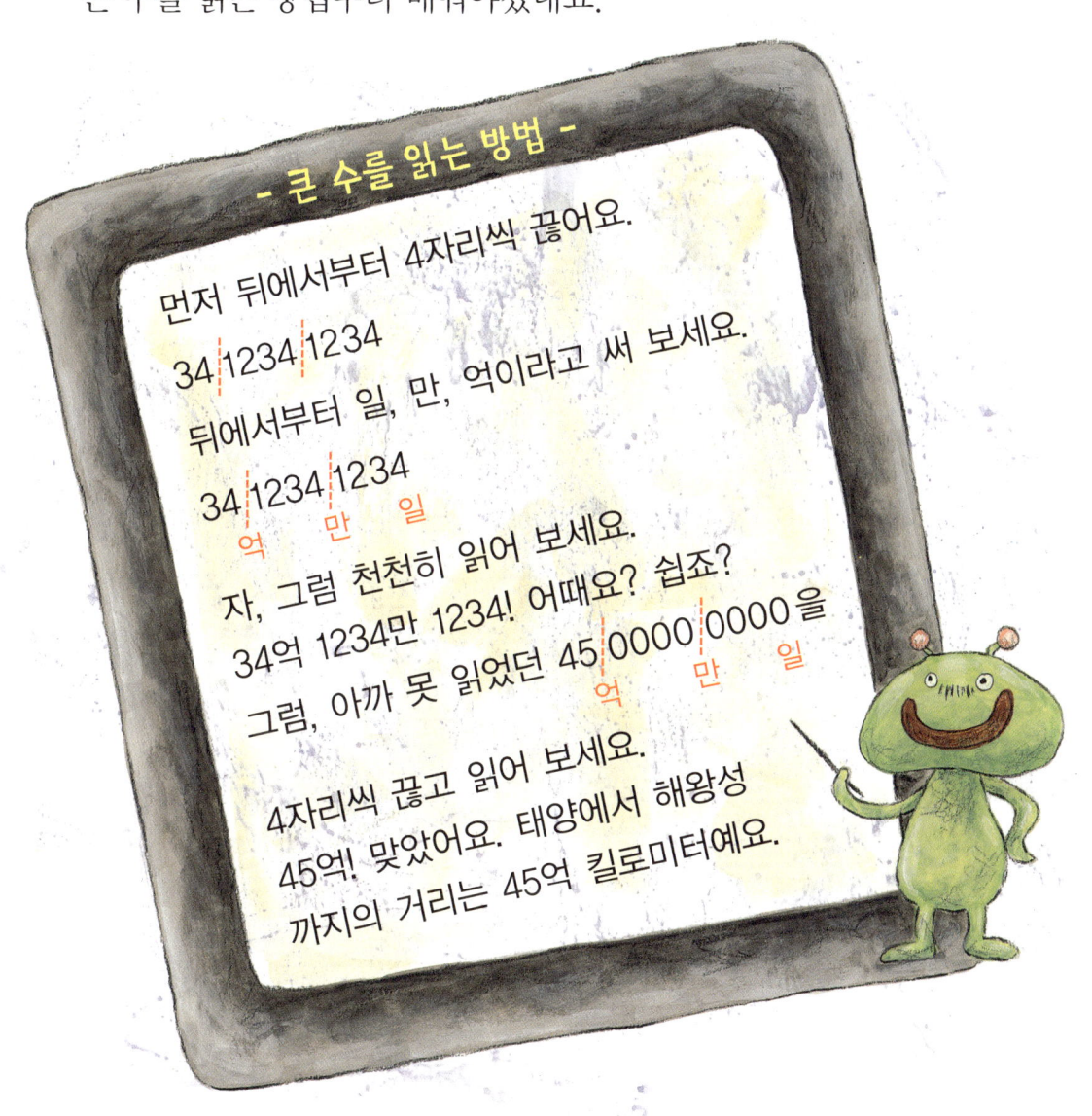

- 큰 수를 읽는 방법 -

먼저 뒤에서부터 4자리씩 끊어요.

34|1234|1234

뒤에서부터 일, 만, 억이라고 써 보세요.

34|1234|1234
억　만　일

자, 그럼 천천히 읽어 보세요.

34억 1234만 1234! 어때요? 쉽죠?

그럼, 아까 못 읽었던 45|0000|0000을
　　　　　　　　　　　억　만　일

4자리씩 끊고 읽어 보세요.

45억! 맞았어요. 태양에서 해왕성까지의 거리는 45억 킬로미터예요.

그럼, 이번에는 확인하는 차원에서 태양에서 태양계의 행성들까지의 거리를 읽어 볼까요?

태양에서 수성까지는 5806|0000(오천팔백육만)킬로미터.
　　　　　　　　　　　　　만　일

태양에서 금성까지는 1|1000|0000(일억 천)킬로미터.
　　　　　　　　　　　억　만　일

태양에서 지구까지는 1|3900|0000(일억 삼천구백만)킬로미터.
　　　　　　　　　　　억　만　일

태양에서 화성까지는 2|3000|0000(이억 삼천만)킬로미터.
　　　　　　　　　　　억　만　일

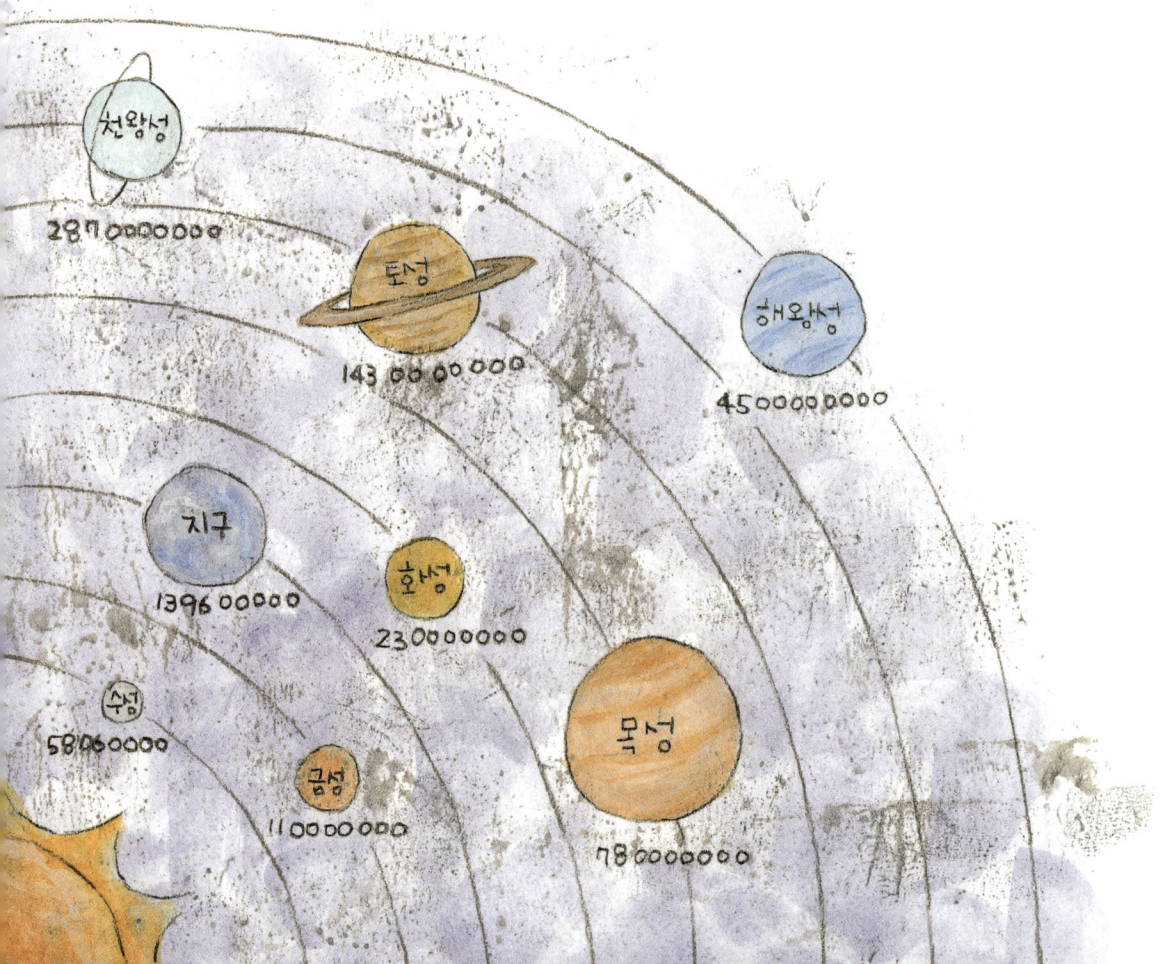

어때요? 뒤에서부터 4자리씩 끊고, 일, 만, 억!
꼭 기억하세요!

자, 그럼 이제 본격적으로 이야기를 시작해
볼까요? 그러니까 어디까지 이야기했죠?

그래요, 생각났어요.

태양에 사는 솔래 아저씨는 우주의 집배원이에요.

아침 일찍 일어나, 지구, 해왕성, 금성으로 편지를 배달하지요.

저렇게 멀고 먼 행성들로 편지를 배달하려면…….

"저런, 솔래 아저씨, 빨리 출발하세요! 우리에게 수 읽는 법을
알려 주느라 시간이 너무 흘렀어요."

이야기는 솔래 아저씨가 편지를 모두 배
달하고 돌아오면, 그때 다시 들어요.

기수 모모와 꼴지 말 (분수와 소수의 관계)

화창한 봄날, 목장에서 망아지 한 마리가 태어났어요. 가벼운 몸무게, 작은 몸집, 느릿느릿한 걸음걸이! 갓 태어난 망아지를 본 사람들은 모두 고개를 절레절레 흔들었어요.

"다리 길이도 다른 말보다 2.5센티미터나 짧아. 게다가 몸무게는 다른 말의 $\frac{2}{3}$ 밖에 되지 않는다고. 이 말은 절대 경주마가 될 수 없어."

하지만 기수인 모모는 그렇게 생각하지 않았어요.

"우렁찬 울음소리와 초롱초롱한 눈빛을 봐요. 분명 경주마가 될 수 있어요."

그러나 말 주인은 뒤도 돌아보지 않고 가 버렸어요.

그때 모모는 놀라운 모습을 보게 되었어요.

망아지가 느릿느릿 걸어가더니, 다른 훈련하는 말들의 꽁무니를 따라 달리는 거예요. 그 모습을 보고 모모는 결심했어요.

"좋아! 내가 너를 경주 마로 키울 거야!"

모모는 망아지에게 봄날이라는 이름을 지어 주었어요. 그리고 다른 말들을 돌보는 틈틈이 봄날이를 훈련시켰어요.

그래서 모모는 한 시간 빨리 일어나고, 또 밤에는 한 시간 늦게 잠들어야 했지요. 하지만 봄날이 경주마가 된 모습을 상상하면 조금도 힘들지 않았어요.

봄날은 모모의 정성에 보답이라도 하려는 듯, 모모가 주는 것이라면 무엇이든 잘 먹었어요.

"자, 오늘은 사료를 $\frac{7}{10}$ 더 먹어야 해. 사료 한 자루가 1킬로그램이니까, $\frac{7}{10}$, 0.7킬로그램 더 먹자!"

그리고 아무리 고된 훈련에도 꾀를 부리지 않았지요.

"좋았어! 어제보다 0.3초 빨리 들어왔어."

눈보라 몰아치는 추운 겨울에도, 따가운 햇볕이 내리쬐는 무더운 여름에도, 모모와 봄날은 함께 달리며 훈련을 계속했어요.

그러던 어느 날, 모모와 봄날에게도 기회가 왔어요.
"봄날! 우리가 경주에 나가게 되었어!"

모모는 봄날과 함께 더 열심히 훈련을 했어요.

그리고 경주가 있던 날, 출발선에 서 있는 봄날을 보고 사람들은 비웃었어요.

"저 말 좀 봐. 저렇게 작은 말이 어떻게 달려?"

"그러게, 아마 $\frac{1}{2}$바퀴, 0.5킬로미터도 못 돌고 쓰러질 걸."

하지만 그날 봄날은 사람들의 예상과 달리, 끝까지 힘껏 달렸어요. 물론 꼴찌를 하기는 했지만, 경주를 본 사람들은 그것도 기적이라며 놀라워했어요.

모모와 봄날은 그 후에도 여러 번 경주에 나갔어요. 하지만, 성적은 모두 꼴찌! 봄날에게는 '꼴찌 말' 이라는 별명까지 붙었어요. 그래도 모모는 포기하지 않았어요.

"봄날, 우리는 할 수 있어!"

모모의 말에 봄날 역시 우렁찬 울음소리로 대답했지요.

100번째 경주가 있는 날, 탕! 봄날은 출발 소리가 나자, 어느 말보다도 열심히 달려 나갔어요.

"와! 와! 100번 중 1번, $\frac{1}{100}$의 기적을 만들어 봐!"

"모모, 봄날, 힘내라!"

관중들의 환호가 서서히 경기장에 퍼져 나갔어요. 경기가 끝나고 이번에도 기적은 일어나지 않았어요. 하지만 모모와 봄날은 사람들에게 노력하면 무엇이든 이룰 수 있다는 희망을 주었지요. 오늘도 모모는 이른 새벽부터 봄날을 타고 달려요.

맞춤수학10

1) 다음 수를 읽어 보세요.

4595 → (   )　　　8392 → (   )

2083 → (   )　　　7009 → (   )

2) 다음을 수로 나타내어 보세요.

칠천이백오십사 → (   )

삼천육백 → (   )

천오 → (   )

맞춤수학11

각각의 도형의 $\frac{3}{4}$만큼을 색칠해 보세요.

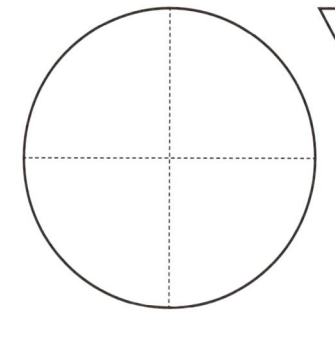
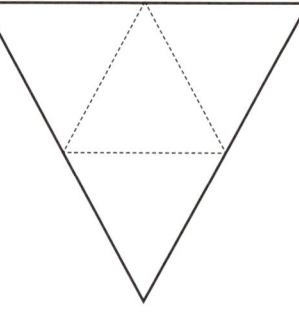

맞춤수학12

아래 막대를 보고 ( ) 안에 알맞은 수나 말을 써 넣어 보세요.

막대는 모두 (　　)칸이에요.
막대에서 색칠된 부분은 (　　)칸이에요.
색칠된 부분을 분수로 나타내면 (　　)이에요.
색칠된 부분을 소수로 나타내면 (　　)고, '영점 일'이라고 읽어요.

맞춤수학13

큰 수를 읽어 보세요.

4 3 2 1 0 0 0 0 0 0 0 0
　　　　억　　　　만　　　　일

_____억

맞춤수학14

다음 소수를 읽고, 분수로 바꿔 써 보세요.

0.1 → (　　　　)　　　0.01 → (　　　　)
1.7 → (　　　　)　　　3.25 → (　　　　)

산타 옷 공장장 (자료 정리 : 통계)

꿈의 지도 (경우의 수)

규칙이네 애완견센터 (규칙 찾아 문제 해결하기)

숲 속의 작은 도서관 (표 만들어 문제 해결하기)

도자기 상자를 열어라! (예상으로 문제 해결하기)

교과서 엿보기

문제 해결

그동안 배운 수, 도형, 연산, 측정…….
이제 그 개념들이 생활 속에서 만날 수 있는
문제를 해결하는 데 어떻게 쓰이는지 알려 줄게.
구슬이 서 말이라도 꿰어야 보배라는 말이 있지?
아무리 수학을 잘한다고 해도, 그것을 생활 속에서
활용하지 못한다면, 쓸모 없게 되고 말 거야.
힘들게 배운 수학의 개념들, 이제 잘 이용해 보자고!!

산타 옷 공장장 (자료 정리 : 통계)

산타 할아버지들은 빨간 천에 복슬복슬 흰 털이 달린 산타 옷을 입어요. 바로 그 산타 옷을 만드는 공장이 산타 마을에 있어요. 그런데 바로 그 산타 옷 공장이 발칵 뒤집어졌어요.
"큰일 났네, 큰일 났어!"

산타 옷 공장장인 산타장 씨는 산타 옷을 들고 동동동!
"어떤 산타 할아버지는 옷이 작다고 투덜투덜, 어떤 산타 할아버지는 옷이 크다고 투덜투덜! 도대체 어떻게 하라는 거야?"
산타장 씨는 산타 할아버지 사진을 바라보며 소리쳤어요.

"그렇다고, 수백 명의 산타 할아버지를 모두 불러 모아, 한 명 한 명 옷을 맞춰 줄 수도 없잖아!"
고민하던 산타장 씨는 산타 할아버지에게 편지를 썼어요.

안녕하세요?
저는 산타 옷 공장장 산타장입니다.
답장을 보내실 때 키, 가슴둘레, 허리둘레를 써서 보내 주세요.
올해 크리스마스에는 꼭 맞는 산타 옷을 입게 될 거예요.

산타 옷 공장장 산타장 올림

산타장 씨는 조수인 루돌보 씨를 불렀어요.

"이 편지를 복사해서, 모든 산타 할아버지에게 보내세요."

루돌보 씨는 수백 장의 편지를 복사하느라 일주일을 보냈어요. 그리고 편지를 우체국까지 들고 가기 위해 트럭을 이용해야 했지요. 그로부터 한 달 후, 산타 할아버지에게서 온 답장은 모두 100장뿐!

"제대로 잘 보낸 거 맞아요?"

산타장 씨는 루돌보 씨에게 우체국에 가서 확인을 해 보라고 했어요.

"네, 틀림 없이 모든 산타할아버지가 편지를 받았대요. 아마 크리스마스 선물을 준비하느라 바빠서 답장을 못 보낸 거 같아요."

산타장 씨는 하는 수 없이 100장의 편지를 뜯어 보았어요.

그리고 루돌보 씨와 함께 편지에 쓰인 자료를 정리했지요.

"키가 130이상~140미만이면 맨 왼쪽 칸에, 키가 140이상~150미만이면 바로 옆 칸에, 키가 150이상~160미만이면 더 옆 칸에……. 한 칸씩 색칠을 해서 수를 헤아려 보자고!"

산타장 씨는 키를 부르고, 루돌보 씨는 칸을 색칠하며 수를 헤아렸어요.

그렇게 키와 가슴둘레와 허리둘레를 그래프로 정리했지요.

산타장 씨는 그래프를 보며 미소를 지었어요.

"이제 됐다! 이 자료를 기준으로 사이즈를 만들어야지. 가장 작은 옷부터 S, M, L, XL! 이렇게 네 가지 사이즈로 산타 옷을 만드는 거야. 어서 공장에 이 사이즈 표를 전해 주고 옷을 만들도록 해요."

하지만 루돌보 씨의 생각은 달랐어요.

"아니죠. 어떻게 100명의 몸 치수만 가지고 옷을 만들어요. 또 다른 산타 할아버지들의 몸 치수는 다를 거예요."

그러자 산타장 씨는 고개를 절레절레 흔들었어요.

"모두 잴 수 없을 때에는, 그 중에서 몇 가지만 뽑아서 측정하고 그걸 이용하기도 하지요."

산타 옷 공장장 산타장 씨의 생각이 옳았어요.

산타 할아버지들은 공장에서 만들어진 산타 옷을 입고, 감사의 편지를 보내왔거든요.

이렇게 몸에 꼭 맞는 옷을 보내 줘서 정말 고마워요.

올해 우리 마을 산타들이 모두 산타 옷에 만족스러워했어요. 보내 주신 네 가지 사이즈 옷 중 하나는 거의 몸에 맞았거든요.

내년에도 잘 부탁해요.

얼음산 너머 산타 마을 이장 산타 올림.

Merry Christmas

꿈의 지도 (경우의 수)

꿈이는 이름처럼 꿈이 아주 많아요.

"너는 꿈이 뭐니?"

사람들이 이렇게 물으면 적당한 대답을 찾지 못했어요. 꿈이는 되고 싶은 게 정말 많거든요. 그래서 꿈이는 꿈의 지도를 만들어 보기로 했어요.

꿈이는 머릿속에 커다란 지도를 그렸어요. 그리고 지도 위에 우뚝 섰지요.

"자, 이제 내 미래의 길을 따라가 보자."

꿈이는 곧게 난 길을 따라 뚜벅뚜벅 걸었어요. 그러다가, 갈림길을 만났어요.

"대학을 준비하는 인문계 고등학교를 간다? 취업을 준비하는 실업계 고등학교를 간다? 둘 중 하나! 경우의 수는 2네."

꿈이는 고민 고민하다가, 대학을 준비하는 인문계 고등학교를 택해서 걸어갔어요.

이번에는 꿈이 앞에 또 다른 갈림길이 나타났어요.

"국어나 사회 같은 공부를 하는 문과? 수학과 과학 같은 공부를 하는 이과? 예술이나 체육을 하는 예체능? 이번에는 셋 중 하나, 경우의 수가 3이네."

꿈이는 곰곰이 생각했어요.

'우리 꿈이는 글 쓰는 재주가 있어.'

언젠가 엄마가 이렇게 말씀하셨던 것이 떠올랐어요. 그래서 문과라고 쓰여 있는 길로 가기로 했지요.

문과   이과   예체능

문과로 향하는 길에는 또 다른 여러 개의 갈림길이 나타났어요. 가끔은 이런 길도 있었지요.

"공부를 하기 싫으니, 여기에서 포기할까? 아니면 조금만 더 열심히 노력할까? 둘 중 하나, 경우의 수는 2!"

또 이런 길도 있었고요.

"친구가 놀자고 하는데, 놀까? 숙제를 해야 하니 안 된다고 할까? 이럴 때 경우의 수는 2! 놀고 나서 숙제를 하거나, 숙제를 하고 나서 노는 경우까지 합하면 경우의 수는 4!"

꿈이는 그때, 그때마다 알맞은 길을 택해 꿈의 지도를 지나갔어요. 그러나 꿈의 지도에는 갈림길만 있는 것은 아니었어요.

울퉁불퉁 걸어가기 힘든 돌길도 있고, 발이 푹푹 빠지는 진흙탕도 있었지요. 또 어떤 때는 쌩쌩 바람이 불기도 하고, 눈보라가 휘몰아쳐 바로 앞도 안 보이기도 했어요.

"휴, 꿈을 찾아 가는 길이 이렇게 힘들구나."

하지만, 그럴 때마다 꿈이의 마음속에는 꼭 꿈을 이루고 말겠다는 생각이 새록새록 피어났어요. 그리고 꿈이가 진짜 되고 싶은 꿈의 싹이 꿈틀꿈틀 피어나기 시작했지요. 어느덧 꿈이 앞에 눈부신 햇살이 쏟아졌어요.

꿈이가 눈을 비비고 앞을 바라보자, 수없이 많은 갈림길이 나타났지요.

"와, 이건 수백, 아니 수만 개도 넘는 거 같아. 내가 이룰 수 있는 꿈의 경우의 수가 이렇게 많구나."

꿈이는 더 이상 망설이지 않았어요. 그 중에서 꼭 이루고 싶은 꿈이 생겼거든요.

꿈이는 눈부시게 빛나는 수만 개의 길 중에서 하나를 찾았어요. 그리고 그 길을 향해 힘차게 달려갔어요.

"내 꿈을 반드시 이룰 테야!"

규칙이네 애완견센터 (규칙 찾아 문제 해결하기)

규칙이네 애완견센터는 언제나 북적북적!

"규칙이네 애완견센터에서는 건강한 애완견을 믿고 분양받을 수 있어요."

"그뿐인가요? 얼마 전에 규칙이네 애완견센터에서 분양받은 우리 똘똘이는 벌써 오줌똥을 다 가려요."

동네 아주머니들의 이야기가 예진이의 귀에 쏙 들어왔어요.
"뭐? 오줌똥을 가린다고?"
예진이네 마이키는 2살이 되도록 오줌도 똥도 아무 데나 뿌직!
예진이는 집으로 달려가 마이키를 데리고 규칙이네 애완견센터로 달려갔지요.
"혹시 2살 된 애완견도 배변 훈련을 받을 수 있나요?"
예진이가 기대에 찬 목소리로 말하자, 애완견센터의 선생님은 빙그레 웃으며 마이키를 보셨어요.

"요놈, 아직도 오줌똥을 아무 곳에나 누는구나! 오늘부터 선생님하고 훈련을 좀 해볼까?"

예진이는 그제야 안심을 하고 집으로 돌아가려 했어요. 그러자 선생님이 예진이를 붙잡았어요.

"주인이 같이 훈련을 도와야 더 잘할 수 있어요! 자, 우선 규칙을 찾아 보자."

선생님은 예진이에게 종이 한 장을 주셨어요.

"오늘부터 마이키가 오줌과 똥을 누는 시간을 여기에 기록해 오세요."

또 그림이 그려진 종이 한 장도 주셨지요.

"여기에는 방에서 마이키가 오줌을 누는 곳을 색칠해 오세요."

예진이는 종이 두 장을 받아 집으로 돌아가며 생각했어요.

'쳇, 오줌이랑 똥을 누는 데 규칙이 어딨어?'

하지만, 기록을 하다 깜짝 놀라고 말았어요.

"시간을 좀 봐. 뭔가 규칙이 있어 보이는데. 똥 누는 시간은 12시간 간격, 오줌 누는 시간은 5시간 간격이 있어."

그리고 오줌을 누는 장소는 더 놀라웠지요.

"방을 돌아가며 오줌을 누고 있네. 다음에 오줌 누는 곳은 보지 않아도 알 수 있겠어."

예진이는 두 장의 종이를 가족들에게 보여 주었어요. 가족들도 깜짝 놀라며, 마이키를 쓰다듬어 주었어요.

"그러고 보니, 우리 마이키도 규칙적인 강아지였네."

"호호, 그러네요."

일주일 후, 예진이는 규칙이네 애완견센터에 갔어요.

종이를 내밀자, 선생님은 예진이에게 물었지요.

"어때요? 규칙을 찾았나요?"

예진이는 고개를 끄덕였어요.

"마이키도 나름대로 규칙을 가지고 오줌과 똥을 누었던 거예요. 그것만 잘 이용해도 금세 배변 훈련을 할 수 있지요. 오줌을 누는 5시간마다 배변 장소에 데려다 놓으세요. 또 똥을 누는 12시간마다 배변 장소에 데려다 놓고요."

그러자 예진이가 질문했어요.

"그렇다면 배변 장소는 어디로 정하는 게 좋을까요?"

그러자 선생님은 예진이가 색칠해 온 그림 종이를 꺼냈어요.

"자, 마이키는 이렇게 구석진 자리를 좋아해요. 하지만, 오줌을 눈 자리에 오줌이 치워지지 않고 있어서 다른 구석으로 가서 오줌을 누었던 거지요. 물론 처음에는 여기 기록된 규칙에 맞게 배변 장소를 옮겨 주세요. 차츰 한 장소로 고정해 주고요."

선생님의 말씀에 예진이는 얼굴이 빨개졌어요.

"그러니까 마이키가 오줌을 누면 빨리 치워 줘야겠네요. 배변 장소도 표대로 옮겨 줘 볼게요."

선생님은 배변 훈련을 할 때 알아야 할 몇 가지 정보를 더 알려 주었어요. 그날부터 마이키는 오줌도 똥도 척척 잘 가리는 똘똘한 강아지가 되었답니다.

숲 속의 작은 도서관 (표 만들어 문제 해결하기)

숲 속에 작은 도서관이 생겼어요. 도서관을 관리하는 사서는 숲 속 동물들이 돌아가면서 하기로 했지요.

하루는 잠 많기로 유명한 나무늘보가 도서관 사서를 하게 되었어요. 나무늘보는 책을 종류대로 정리하고, 책을 보러 온 동물들을 살피느라 잠을 한숨도 잘 수 없었지요.

"이제 문을 닫을 때까지 1시간 남았다! 아함~!"

나무늘보는 늘어지게 하품을 했어요. 그때, 토끼가 들어왔어요.

"늦게 와서 미안해요. 지금부터 책을 봐도 되겠죠?"

나무늘보는 조금 걱정이 되었어요. 책을 보는 동물이 있으면 문을 닫을 수 없게 되어 있거든요.

그때부터 나무늘보의 눈은 토끼와 시계를 왔다 갔다 휙휙휙! 나무늘보의 마음도 모른 채, 토끼는 책을 읽고 꽂아 놓고, 또 다른 책을 가져다 읽었어요. 나무늘보는 제 시간에 문을 닫지 못할까 봐 걱정이 되었어요. 그래서 토끼에게 물어보았지요.

"저, 미안한데요, 책을 몇 권이나 읽고 갈 건가요?"

"오늘은 일곱 권의 책을 읽을 거예요. 30분에 한 권씩!"

그때부터 나무늘보는 시계만 바라봤어요.

"이러고 있을게 아니라, 내가 몇 시에 문을 닫을 수 있을지 계산해 보자."

나무늘보는 종이를 가져다가 표를 그렸어요.

"옳거니! 이렇게 보니 쉽네. 토끼가 일곱 권의 책을 모두 읽고 나면 8시 30분이 되겠구나."

책순서	첫 번째	두 번째	세 번째	네 번째	다섯 번째	여섯 번째	일곱 번째
시간	5시 30분	6시	6시 30분	7시	7시 30분	8시	8시 30분

나무늘보는 내려오는 눈꺼풀을 간신히 뜨며, 시간이 가기를 기다리고 또 기다렸어요.

"아! 8시 30분이여, 어서 와라!"

드디어 8시 30분이 되었어요!

토끼는 정확하게 일곱 번째 책을 모두 읽고, 책꽂이에 탁! 꽂았지요. 그러고는 깡충깡충 뛰어 도서관을 나갔어요.

나무늘보는 만세를 부르며 문 앞으로 달려갔어요.

그런데 문을 닫으려는 순간! 다람쥐가 쪼로로 달려오는 게 아니겠어요?

"휴, 다행이다! 아직 문을 닫지 않았네. 한 권에 15분씩, 딱 6권만 읽고 갈게요. 지금이 8시 30분이니까, 오래 걸리지 않을 거예요."

다람쥐의 말에 나무늘보는 울상이 되어 종이를 집어 들었어요. 그리고 다람쥐가 돌아갈 시간이 몇 시일지 알아보았답니다.

도자기 상자를 열어라! (예상으로 문제 해결하기)

내 이름은 장나리! 나이는 24살, 직업은 큐레이터예요.

앗, 큐레이터가 뭔지 모른다고요?

좋아요, 좋아, 그럴 수 있지요. 나도 초등학교 때는 몰랐던 직업이니까요. 잘 들어 보세요.

흠흠! 큐레이터는 박물관이나 미술관에서 전시회를 기획하고 관리하는 일을 해요. 멋진 미술 작품이나 귀한 유물들을 다루는 아주 우아한

직업이지요. 물론, 늘 그런 건 아니지만요.

바로 오늘, 난 하루 종일 도자기 상자 앞에서 진땀을 빼야 했거든요. 바로 괴짜 도예가 선생님 때문이에요.

장난을 아주 좋아하는 도예가 선생님이 도자기를 넣어 보낸 상자에 비밀 장치를 해 놓은 거예요.

'내 작품을 전시하는 큐레이터라면, 도자기 상자를 여는 암호쯤은 쉽게 풀 수 있겠죠? 참, 1부터 12까지의 숫자가 한 번씩만 들어가야 하고, 각 선분에 놓인 네 수의 합이 모두 24가 되어야 하죠. 그럼, 행운을 빌어요.' 라는 쪽지와 함께요.

나는 어린이들이 어렵게만 생각하던 예술품을 쉽고 재미있게 관람하는 전시회도 열어 큰 인기를 끌었어요. 또 미술품과 관련된 강의도 여러 번 했지요.
하지만, 이렇게 어려운 문제를 풀어 보기는 처음이었어요.
"자, 자, 침착하자고! 우선 1부터 12까지의 숫자 중에서 이미 쓰여 있는 숫자를 빼면, 1, 3, 6, 7, 8, 9, 11이 한 번씩 들어갈 거야. 내가 할 수 있는 최고의 방법은 바로, 한 번씩 써 보고 확인하는 것!"
나의 가장 큰 장점이라면 끈기!
"나는 이집트에서부터 날아오는 귀한 유물을 받기 위해, 공항에 나가서 48시간을 꼬박 기다렸던 적도 있다고!"
나는 상자 앞에 자리를 잡고 앉았어요.
그리고 숫자를 쓰고, 선분마다 합이 24가 되는지 확인했어요.
나는 결국 답을 찾았지요.

번호를 쓰자 신기하게도 상자가 활짝!

그렇게 해서 도자기를 꺼냈냐고요?

아니죠, 그 안에 또 다른 상자가 들어 있었어요. 이번에는 반창고 모양 퍼즐 암호가 있었지요.

"으앙, 이걸 또 언제 풀어!"

맞춤수학15

표를 보고, 막대그래프로 나타내어 보세요.

과일	🍎	🍌	🍊	🍉	합계
학생 수(명)	5	2	6	7	20

맞춤수학16

축구공 ⚽과 농구공 🏀이 모두 15개 있어요. 축구공 수와 농구공 수가 모두 몇 가지 경우가 나오는지 경우의 수를 알아 보세요.

(14, 1) (13, 2) (12, 3) (11, 4) (10, 5) (9, 6) (8, 7) (7, 8)
(,) (,) (,) (,) (,) (,)

경우의 수 _____ 가지

맞춤수학17

규칙을 찾아 빈 곳을 알맞게 색칠해 보세요.

맞춤수학18

100원짜리 동전 과 50원짜리 동전 으로 500원을 만드는 방법을 표로 만들어 알아 보세요.

100원짜리(개)	5	4	3			
50원짜리(개)	0	2				

맞춤수학19

1부터 5까지 수를 한 번씩 사용하여 가로, 세로의 세 수의 합이 같아지도록 빈칸에 알맞은 수를 써 넣어 보세요.

					4	
1		5				
					2	

125

맞춤수학20

표와 그림그래프를 완성하고 물음에 답해 보세요.

- 4명의 학생이 1년 동안 읽은 책의 수

학생 이름	수미	지원	건희	민준	합계
읽은 책의 수	227	144	432		1000

이름	1년 동안 읽은 책의 수 - 100권◎, 10권◯, 1권○
수미	◎◎◯◯○○○○○○○
지원	
건희	
민준	

- 1년 동안 책을 가장 많이 읽은 학생은? _____
- 1년 동안 책을 가장 적게 읽은 학생은? _____

맞춤수학21

준영이와 형의 나이를 합하면 15살입니다. 준영이는 형보다 3살이 어립니다. 준영이와 형은 각각 몇 살인지 나이를 합하여 15살이 되는 경우의 수를 알아 보고 준영이와 형의 나이를 맞춰 보세요.

준영이 _____ 살, 형 _____ 살

맞춤수학22

신호등이 빨강, 주황, 초록 순서대로 불이 켜지고 있어요. 그럼 14번째에는 어떤 색 불이 켜질지 맞춰 보세요.

맞춤수학23

소라가 20분마다 쉬지 않고 책을 바꾸어 가며 읽고 있어요. 그렇다면 아래 표에서 빈칸을 완성해 보세요.

책	첫 번째 책	두 번째 책	세 번째 책	네 번째 책	다섯 번째 책	여섯 번째 책
시간	1시 00분	1시 20분		2시 00분		

맞춤수학24

1부터 9까지 수를 한 번씩 사용하여 가로, 세로의 수의 합이 모두 같게 만들어 보세요.

맞춤수학1
6848 / 3668 / 3073 / 8110

맞춤수학2
1) 식 : 3400−530=2870   답 : 2870원
2) 식 : 1337−538=799   답 : 799m(미터)

맞춤수학3
식 : 5×5=25 / 6×7=42

맞춤수학4

식 : 13÷4=3…1   답 : 3, 1

맞춤수학7
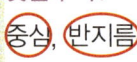

맞춤수학8
0.5 / 5000 / 7.4

맞춤수학9
식 : 59×100+5×10+2=5952   답 : 5952되

맞춤수학10
1) 사천오백구십오 / 팔천삼백구십이
   이천팔십삼 / 칠천구
2) 7254 / 3600 / 1005

맞춤수학12
10 / 1 / $\frac{1}{10}$ / 0.1

맞춤수학13
사천삼백이십일억

맞춤수학14
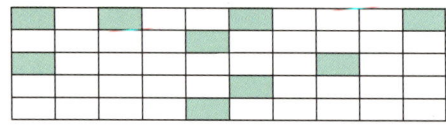

맞춤수학16
(9, 6) (5, 10) (4, 11) (3, 12) (2, 13) (1, 14)
14가지

맞춤수학17

맞춤수학18
100원짜리(개) : 2, 1, 0 / 50원짜리 : 4, 6, 8, 10

맞춤수학19
세로 : 2, 1, 4 / 가로 : 1, 3, 5

맞춤수학21
6, 9

맞춤수학22
주황색

맞춤수학23
1시 40분 / 2시 20분 / 2시 40분

맞춤수학24
첫째줄 3, 4 / 둘째줄 6 / 셋째줄 5, 9

맞춤수학5, 6, 11, 15, 20
각자 풀어 보세요.